W0028898

Susa Apenrade / Jutta Knipping

Ich kenn dich nicht, ich geh nicht mit!

»Dürfen wir rausgehen, Charlotte und ich?«,
fragt Hannah.
Mama überlegt kurz.
»Wo jetzt die Sonne wieder scheint!«, sagt Charlotte.
»Na gut«, antwortet Mama.
»Aber passt schön auf«, sagt Britta. Britta ist Charlottes Mama.
»Nicht auf die Straße gehen, nur vor die Tür«, bestimmt Mama.

Hannah zeigt Charlotte stolz ihr kleines Erdbeerbeet im Vorgarten.
»Guck mal, wie komisch die da geht«, sagt Charlotte. Sie deutet auf die andere Straßenseite.
»Das ist Frau Winterhage, sie braucht eine Krücke, weil sie schon alt ist«, antwortet Hannah.
»Sie ist nett, aber ich kenne sie gar nicht richtig.«

Ein Mann beugt sich über den Zaun.
»Na?«, sagt er.
Hannah und Charlotte schauen sich an
und kichern. Der Mann lacht mit.
»Was macht ihr denn so?«, fragt er.
»Wir wohnen hier und du nicht«, sagt Hannah.

Der Mann schaut zu dem Haus hoch: »Nicht schlecht«, sagt er.
Charlotte schweigt.
»Am besten ist der Garten«, sagt Hannah.
Auf der anderen Straßenseite
steht Frau Winterhage
und schaut zu ihnen herüber.

»Wenn du schon einen Garten hast, hast du vielleicht auch einen Hund?«, fragt der Mann.
Hannah schüttelt den Kopf.
»Aber ich«, sagt der Mann, »er ist noch ganz jung. Ich hab ein Foto von ihm, wollt ihr es sehen?«
Er zieht ein Foto aus seiner Jacke und will die Gartentür aufmachen.
Auf der anderen Straßenseite steht noch immer Frau Winterhage.
»Du darfst hier nicht reinkommen«, sagt Charlotte zu dem Mann.
»Ich geb's euch rüber, hier«, sagt der Mann und gibt ihnen ein zerknittertes Foto.
»Ist der süß!«, ruft Hannah, »ganz klein noch! Ein Babyhund! Schau mal, Charlotte.«

»Er tut mir so Leid«, sagt der Mann, »eigentlich gehört er meinem Sohn, aber der darf ihn nicht haben, er kriegt Schnupfen, wenn der Hund im Zimmer ist, das kriegen manche Leute.«
»Ich weiß«, sagt Hannah.

»Wie heißt denn dein Sohn?«, fragt Charlotte.
»Niklas«, sagt der Mann schnell, »er ist acht. Damit er nicht krank wird, haben wir den Hund jetzt im Keller, ich suche jemanden, der ihn nimmt . . .
Da hab ich eine Idee – ihr vielleicht?«

11

»Ich darf keinen Hund haben«, sagt Charlotte.
»Ich auch nicht«, ruft Hannah, »aber dieser ist so süß! Und noch so klein!
Vielleicht krieg ich ihn doch, wenn ich sage, ich will ihn zum Geburtstag!«
»Schau mal, Hannah, die alte Frau«, sagt Charlotte.
Drüben steht Frau Winterhage und winkt.
»Lass sie doch«, sagt Hannah.

»Ich hab auch Angst, dass der Hund im Keller krank wird, es ist kalt da«, sagt der Mann und steckt das Foto wieder ein.
»Und da ist er ganz alleine?«, fragt Hannah.

»Er freut sich so sehr,
wenn jemand kommt«, sagt der Mann,
»vielleicht willst du ihn dir mal
anschauen, Hannah?«
Der Mann geht ein paar Schritte zurück.
»Ich darf nicht«, sagt Hannah.

»Es ist ganz nah, um die Ecke nur«, sagt der Mann,
»aber, wenn ihr nicht mitkommen dürft, das versteh ich ja.«
»Komm doch mit, Charlotte«, bittet Hannah.
»Ich geh nicht mit«, sagt Charlotte.
»Dann warte hier auf mich«, bittet Hannah wieder.

Charlotte flüstert etwas, aber gleichzeitig sagt der Mann:
»Ich weiß wirklich nicht, was ich mit dem Hund machen soll.«
»Ins Tierheim«, sagt Charlotte.
»Da wird er bestimmt gebissen«, sagt der Mann,
»bei einem Kind hat er's natürlich am besten.
Schau ihn dir einfach mal fünf Minuten an,
wie er dir gefällt.«
»Bleib da, wir dürfen doch nicht«,
meint Charlotte.
»Ich komm gleich wieder«, sagt Hannah.
Sie macht die Gartentür auf
und geht mit dem Mann mit.

11
ZACK
13
BOOM

Er nimmt sie sofort an die Hand, das findet Hannah ein bisschen komisch.
Als sie die Straße überquert haben, umklammert er ihre Hand ganz fest.

Und da merkt Hannah: Irgendwas stimmt nicht.

Der Mann geht jetzt so schnell, dass sie nicht mehr richtig mitkommt.
Und er sieht auf einmal gar nicht mehr nett aus.
Sie will ihre Hand wegziehen, aber das geht nicht.
Und da fühlt Hannah, wie aus ihrem Herzen in ihrer Brust ein Eisklumpen wird. Aus Angst.
Sie hat Angst vor dem Mann.

Der Mann merkt es: »Nicht schreien!«,
sagt er drohend.
Hannahs Eisklumpenherz pocht.
Ihr Mund ist ganz trocken.
Sie zerrt an ihrer Hand.
Der Mann zieht sie geradewegs
zu einem Hauseingang hin.
Verzweifelt schaut sich Hannah um.
Niemand ist auf der Straße.

Nur Frau Winterhage kommt von weitem angehumpelt.
»Hannah!«, ruft sie. »Wir kommen zu spät zum Kinderarzt, dahinten kommt Onkel Georg mit dem Auto!«
Der Mann neben Hannah blickt verwirrt um sich.
Er lässt Hannahs Hand los.
Und ist auf einmal verschwunden.

Alles geht ganz schnell.
Hannah läuft zu Frau Winterhage, die mit einer lieben, alten Hand ihr Gesicht streichelt.
Hannah schaut sie fragend an.
»Das mit dem Kinderarzt und einem Onkel Georg hab ich erfunden«, sagt Frau Winterhage, »da hat er Angst bekommen, dieser Mann da, Gott sei Dank!«

Und dann sind auch Mama und Charlotte mit ihrer Mutter da. Charlotte hat sie geholt, denkt Hannah.
Sagen kann sie nichts, ihre Stimme ist weg. Ihr Mund ist noch immer ganz trocken.
Mama umarmt Frau Winterhage und dann Hannah.
Wie durch einen Nebel hört Hannah, wie Frau Winterhage sagt:
»Ich hab alles beobachtet, um ein Haar hätte er Hannah mitgenommen!«

»Ist mir egal, was mit seinem Hund passiert«, hört Hannah Charlotte sagen.
»Aber Charlotte, denk mal nach, der hat doch überhaupt gar keinen Hund«, sagt Charlottes Mama, »mit solchen falschen Geschichten locken diese Männer die Kinder doch mit sich mit!«

»Aber er hatte doch ein Foto!«, ruft Charlotte.
»Das hat er sich irgendwo besorgt«, sagt Britta,
»dieser kleine Hund auf dem Foto – der ist längst
groß geworden und dem geht es gut bei ganz
anderen Leuten!«
»Merkt euch – solche Männer tun Kindern was«, sagt Frau
Winterhage ernst, »und man sieht es ihnen nicht an!«
Mama kniet sich zu Hannah hin.
Jetzt erst schaut Hannah Mama an.
»Ich weiß gar nicht, ob ich dich jemals wiederbekommen hätte«,
sagt Mama leise. Ihre Unterlippe zittert.
Mama weint.
Und da weint Hannah auch.
»Es ist ja alles wieder gut«, tröstet Charlottes Mama, »wie gut,
dass zwei aufgepasst haben – Frau Winterhage und Charlotte.«
»Nein!«, ruft Mama. »Jedes Kind muss selbst aufpassen!«
»Ja«, sagt Hannah.

10. Auflage 2003

Gesamtherstellung: Westermann Druck Zwickau GmbH
ISBN 3-401-08230-2